2018년 7월 25일 1판 6쇄 **펴냄**
2015년 2월 25일 1판 1쇄 **펴냄**

펴낸곳 (주)효리원
펴낸이 윤종근
글 백혜영 · **그린이** 오렌지툰
등록 1990년 12월 20일 · **번호** 2-1108
우편 번호 03147
주소 서울시 종로구 삼일대로 457, 1206호
대표 전화 02)3675-5222 · **편집부** 02)3675-5225
팩시밀리 02)765-5222

ⓒ 2015, (주)효리원

잘못 만들어진 책은 구입하신 서점에서 바꾸어 드립니다.
ISBN 978-89-281-0439-0   74370

홈페이지 www.hyoreewon.com

1학년이 꼭 읽어야 할 100점 공부법

백혜영 글 오렌지툰 그림

효리원
hyoreewon.com

머리말

　앞에 단추가 쪼르르 달린 윗옷을 입을 때 가장 중요한 것은 무엇일까?
　바로 '첫 단추'야! 첫 단추를 잘못 끼우면 옷이 삐뚤빼뚤해져 보기 안 좋거든. 그러면 처음부터 끝까지 단추를 다 푼 다음 다시 옷을 입어야 해. 그렇게 되면 당연히 첫 단추를 제대로 채운 친구들보다 옷 입는 시간이 훨씬 더 많이 걸리겠지?
　이제 막 초등학교 1학년이 된 친구들은 이 말을 흘려들으면 안 돼. 초등학교 1학년은 무려 12년 동안(중·고등학교까지) 이어질 길고 긴 학교생활의 첫 단추거든! 시작부터 좋은 습관을 들여야 학교생활도 즐겁고, 공부 역시 잘할 수 있단다.

　두근두근 설레는 마음으로 학교 갈 준비를 하는 친구들! 또는 누구보다 신나고 재미있게 학교생활을 하고 싶은 친구들아! 쌍둥이 자매 하나와 두나의 이야기를 들으면서 어떻게 하면 학교생활의 첫 단추를 잘 채울 수 있을지 생각해 보길 바라!

학교가 최고의 놀이터가 될 날을 꿈꾸며, 아자!

글쓴이 백혜영

차례

하나 초등학생이 된 나, 생활 습관부터 바꾸자! 12

얏호, 1학년이다! · 14

내 이름은 시작 요정, **뽀로롱~!** · 16

넌 이제 더 이상 **응석받이 어린애가 아니야!** · 18

아직도 엄마가 옷을 입혀 주니? **이제 스스로 입고 벗어 봐!** · 20

내 몸을 스스로 씻어 보자! · 24

내 물건의 주인은 나! 스스로 정리해 보자! · 30

준비물은 알아서 척척 챙기는 **척척 박사가 되자!** · 34

악! 늦잠은 안 돼~ **등교 시간은 꼭 지키자!** · 36

아침에 도저히 못 일어나겠다고? **잠자는 습관부터 바꿔 봐!** · 40

아침밥은 꼭꼭 **챙겨 먹고 다니자!** · 44

노는 시간과 공부하는 시간을 **스스로 정해 봐!** · 48

하루 계획표를 그려 볼래? · 50

잠깐 쉬어 갈까? 집중력 키우기 놀이 ❶ 다른그림찾기 · 56

둘 학교생활 적응하기? 어렵지 않아! 58

학교가 낯설다고? **겁 먹을 필요 없어!** · 60

종이 땡 울리면? **야호~, 쉬는 시간!** · 62

책상에 바르게 앉는 **연습을 해 볼까?** · 64

교실 안에서는 **이렇게 행동해 봐!** · 68

목소리를 높여요~ **대답과 인사는 크게!** · 70

친구들과 **사이좋게 지내는 방법은?** · 72

선생님 말씀에는 **귀를 쫑긋 세우고 집중!** · 76

부끄러움은 한 순간, **무엇이든 물어보는 거야!** · 78

책은 큰 소리로 또박또박 읽자! · 80

두근두근 발표, **엄마 앞에서 연습해 봐!** · 82

학교에서 무슨 일이 있었니? **말로 표현해 봐!** · 84

학교에서 무슨 일이 있었니? **그림일기로 표현해 봐!** · 86

잠깐 쉬어 갈까? 집중력 키우기 놀이 ❷ 미로찾기 · 94

# 셋 100점 맞는 법? 공부 습관부터 바꿔 봐! 96

공부의 시작은 바르게 연필 잡기부터! · 98

글씨는 큼직큼직하게 똑바로 쓰자! · 102

초등학교에 들어가면 어떤 걸 배울까? · 108

교과서는 내 친구, 자꾸자꾸 읽어 봐! · 110

여기저기 다니며 체험 활동도 열심히! · 116

신나는 받아쓰기 놀이! · 118

으쌰으쌰~, 공부는 체력! 신나는 놀이로 체력을 키우자! · 126

공부에 대한 두려움은 뻥~ 걷어차 버려! · 130

공부가 재미없다고? 천만에! 공부는 즐기면서 하는 거야! · 132

누가 시켜서 하는 공부? 아니, 공부는 널 위해 하는 거야! · 134

 집중력 키우기 놀이 ❸ 단어 퍼즐을 맞혀 봐! · 136

 **넷 이해력이 쑥쑥~ 책 읽기는 모든 공부의 시작!** 138

책을 많이 읽으면 **모든 과목이 쉬워진다!** · 140

책과 친해질 수 있는 **방법이 궁금하니?** · 142

어떤 책부터 읽어야 하냐고? 바로 이렇게! · 146

읽고 싶은 책을 적어 봐! · 150

나만의 별점 매기기! **독서 스티커를 붙여 봐!** · 152

쌍둥이 자매 **하나와 두나의 다짐** · 154

신나고 재미있는 학교생활 출발! **굿바이, 시작 요정** · 156

등장인물을 소개합니다!

♥ 이하나

초등학교 1학년 여자아이.
쌍둥이 동생 두나와 달리
씩씩하고 적극적인 성격으로
골목대장 스타일. 주의가 산만하고
집중력이 떨어진다.

♥ 시작 요정

뭔가를 처음 시작하는 아이들에게 찾아오는 요정. 학교생활을 시작하는 하나와 두나, 쌍둥이 자매 앞에 나타나 여러 가지 조언을 해 준다.

♥ 이두나

초등학교 1학년 여자아이. 쌍둥이 언니 하나와 달리 차분하고 얌전한 성격. 수줍음이 많고 소심해 사람들 앞에 잘 나서지 못한다.

하나

초등학생이 된 나,

바꾸자!

내일은 하나와 두나가 학교생활을 시작하는 날!
두근두근, 콩닥콩닥! 두 소녀는 어떤 마음일까?

넌 이제 더 이상
응석받이 어린애가 아니야!

어머나! 혹시 너희들도 하나, 두나와 같은 모습을 보일 때가 있니? 하고 싶은 대로 안 된다고 떼를 쓴다거나, 엄마가 먹여 주어야만 밥을 먹는 것 같은 행동 말이야. 이런 건 너희들보다 훨씬 어린 동생들이나 하는 행동이야. 이제 너희들은 초등학교 1학년! 그런 행동은 저 멀리 뻥~ 차서 날려 버려야 해.

안 돼! 며칠 전에 산 거랑 옷만 다른 거잖아.

두나야, 한 입만 더 먹자, 아~.

엄마, 나 저 인형 사 줘.

사 줘~, 사 줘!

> 어머나, 저런 아기 같은 모습을 보이다니, 내가 다 부끄러운걸?

이제 어엿한 초등학생이 됐으니 이런 아기 같은 행동과는 영원히 "안녕~." 하고 인사를 나누자. 자, 그럼 지금부터 나 시작 요정이 초등학생다운 생활 습관을 가지도록 도와줄게. 기대해, 뾰로롱~!

> 호호, 그동안 재밌었어.

> 아이 모습은 이제 그만 안녕~!

아직도 엄마가 옷을 입혀 주니?
이제 스스로 입고 벗어 봐!

하나, 두나는 초등학교 1학년이 됐는데, 아직도 유치원 다닐 때 하던 습관이 남아 있네. 알아, 한 번에 '확' 바꾸긴 어려울 거야. 낯설기도 하고. ==하지만 하나씩 천천히 초등학생다운 생활 습관으로 바꿔 보도록 하자. 겁먹지 마. 그렇게 어렵지 않아!==

모두들 따라 해 봐!

그런 의미에서 오늘부터
옷은 스스로 입고, 벗도록 하자!
어떻게 하면 되냐고? 바로 이렇게!

혼자서 옷 입는 방법

❶ 티셔츠에 머리를 넣은 다음 양팔을 넣어요.

❷ 바지 구멍에 한쪽 다리씩 천천히 넣어요.

❸ 앉아서 양말을 신어요.

잠깐! 여기서 한 걸음 더 나아가 볼까?

집에 돌아와 옷을 벗어 아무 데나 두지 않고 정리까지 깔끔하게 하면 100점 만점에 100점!

학교에 갔다 집에 돌아와서 가장 먼저 해야 할 일은 무엇일까? <mark>그래, 맞아! 바로 손 씻기야! 손 씻기 정도는 지금도 스스로 하고 있지?</mark>

그럼, 초등학생이 됐으니 여기서 한 단계 더 나아가 볼까? 바로 혼자서 머리 감기 도전! 머리가 긴 친구들은 처음에는 쉽지 않을 거야. 하지만 계속 연습하다 보면 익숙해진단다!

> **참!** 머리는 아침에 감기보다는 학교 가기 전날 밤에 감는 게 좋아. 그래야 아침에 허둥대지 않는단다.

머리를 감고 나서 어떻게 말리냐고? 수건으로 충분히 닦아서 물기를 뺀 다음, 마를 때까지 기다리면 돼.

축축한 걸 못 견디겠다면 선풍기 바람으로 말리는 걸 추천할게! 드라이어의 뜨거운 바람으로 말리다 보면 머릿결이 상할 수 있거든.

==찰랑찰랑~ 예쁜 머릿결을 갖고 싶다면 축축해도 조금 참고, 저절로 마를 때까지 기다리자!==

# 시작 요정 퀴즈!

하나와 두나 가운데 내가 알려 준 대로
머리를 잘 말리고 있는 사람은 누구일까?

초등학생이 되면 갑자기 '내 것'이 많아져. 책가방부터 시작해서 필통, 연필, 지우개, 교과서, 공책, 학교에서 신는 실내화까지……. 정말 많지?

이 모든 물건의 주인은 바로 나야! 그러니까 내가 챙기고, 아껴야겠지?

이름표를 붙여 봐!

내 물건에는 내 것이라고 확실히 표시해야 더 애정을 쏟게 돼. 다른 친구들의 물건과 구분하기도 쉽고. 내 것이라는 확실한 표시가 무엇일까? 그래, 맞아. 바로 이름표 붙이기! 교과서와 공책에는 큼직하게 내 이름을 쓰고, 책가방, 필통에는 이름을 적은 스티커를 붙여 보자. 그럼 내 것이라는 느낌이 팍팍 들 거야!

내 것이 갑자기 많아지니까 감당이 안 된다고?
 물건을 쓰고 아무 데나 놓으면 다음에 쓸 때 어디에 뒀는지 몰라서 한참 찾게 돼. 내 물건이 많아졌기 때문에 더 헷갈리지. 그러니까 물건을 쓴 다음에는 정리를 잘 해야겠지?
 내 물건의 주인은 나! 정리도 스스로 해 보자!

정리, 이렇게 하자!

1 같은 종류의 물건끼리 모으자!

교과서는 교과서끼리, 공책은 공책끼리 모아 두자. 연필, 지우개, 자 등은 필통 안에 쏙~!

얘들아! 정리는 이렇게 해 봐!

2 물건의 위치를 정해 놓자!

교과서는 첫 번째 책꽂이에 꽂고, 필통은 첫 번째 책상 서랍 안에 넣어 볼까? 물건마다 위치를 정해 놓고, 매번 같은 곳에 물건을 두면 잃어버릴 일이 없겠지?

준비물은 알아서 척척 챙기는
척척 박사가 되자!

시작 요정 퀴즈!

하나와 엄마의 모습에서 잘못된 부분은 무엇일까요?
한번 생각해 보세요!

두나가 잘 알고 있구나. 학교에 가면 선생님이 "내일은 ○○○을 챙겨 오세요."라고 하실 때가 있어. 이런 게 바로 준비물이야.

==그런데 너희들, 지금까지 엄마가 준비물을 다 챙겨 주셨니?==

초등학생이라면 이제부터 내 준비물은 내가 알아서 척척 챙겨 보자! 어떻게 챙겨야 할지 모르는 것은 엄마에게 여쭈어 보고 말이야.

==엄마는 무엇이든 다 해 주는 사람이 아니라, 내가 모르는 것을 알려 주는 사람이라는 걸 잊지 마!==

딩동댕! 하나 언니 준비물을 엄마가 챙겨 두고 있어요!

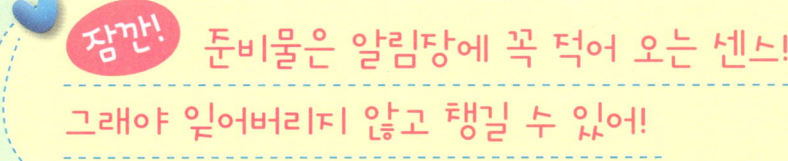

잠깐! 준비물은 알림장에 꼭 적어 오는 센스!
그래야 잊어버리지 않고 챙길 수 있어!

악! 늦잠은 안 돼~
등교 시간은 꼭 지키자!

하나, 두나! 얼른 일어나. 학교 가야지!

음냐, 음냐. 눈을 뜰 수가 없어…….

엄마, 조금만 더 잘게요…….

 너희들도 아침에 일어나는 게 참 힘들지? 학교에 왜 그렇게 일찍 가야 하냐고 투덜대기도 할 거야.

 시작 요정으로서 부끄럽긴 하지만, 사실 나도 하루를 시작하는 아침이 힘들단다. 너희들처럼 말이야. 아침이면 이불 속에서 나오기 싫고, 계속 자고만 싶고……. 눈꺼풀은 또 얼마나 무거운지 들어올리기가 여간 힘든 게 아니지.

==그래도 이제 어엿한 초등학생이 되었으니 더 이상 늦잠은 안 돼. 학교생활을 잘하려면 학교 가는 시간을 잘 지키는 것부터 시작해야 해!==

등교 시간보다 조금 일찍 학교에 도착해서 차분한 마음으로 자리에 앉아 있다 수업을 시작해야 수업 내용도 머리에 잘 들어온단다. 학교에 늦어서 헐레벌떡 뛰어가 수업을 시작하면 헉헉대느라 바쁠 거야. 그럼 지쳐서 수업에 집중하기 힘들겠지?

이제 아침 일찍 일어나 학교에 갈 준비를 하고 일찍 학교에 가도록 하자. 꼭 지키자. 나랑 약속~!

 시작 요정의 난센스 퀴즈

이 세상에서 가장 무거운 것은 무엇일까요?
특히 아침에 엄청 무거워진답니다.

정답 : 눈꺼풀

하나와 두나는 밤 12시가 되기 전에는 도통 잠자리에 들지 않아.

무슨 할 말이 그렇게 많은지 방에 들어가서도 둘이 이야기하느라 시간 가는 줄 모르거든. 학교에 가야 하는 시간은 정해져 있는데, 늦게 자면 당연히 잠자는 시간이 줄어들겠지?

<mark>하나와 두나가 아침에 일어나기 힘든 이유는 바로 늦게 잠자리에 들기 때문이야.</mark>

9시간 이상은 자자!

너희 나이에는 적어도 9시간 이상은 자야 해. 아침 7시에 일어나야 한다면 전날 밤 10시에는 잠이 들어야 해. 잠을 충분히 자야 키도 쑥쑥 크고, 수업 시간에도 졸지 않고 집중할 수 있단다. 아침에도 눈을 번쩍 뜰 수 있고 말이야.

TV를 보거나 게임을 하느라 늦게 잠드는 친구들이 있다면 지금부터라도 잠자는 습관을 바꿔 봐!

아침밥은 꼭꼭
챙겨 먹고 다니자!

자, 여기서 잠깐 퀴즈! 하나 배 속에서 왜 '꼬르륵~' 소리가 났을까? 한 가지 힌트를 주자면, 하나가 ○○○을 먹지 않았기 때문이야.

정답이 뭔지 눈치챘니? 그래, 맞아. 바로 아침밥! 우리 배꼽시계는 상당히 정확해. 아침, 점심, 저녁먹을 시간이 되었는데 밥을 거르면 금세 티가 나지. 꼬르륵 소리를 내면서 "밥 먹을 시간이야."라고 알려 준단다. 어때, 하나처럼 창피를 당하지 않으려면 아침밥을 꼭 먹어야겠지?

아침밥을 먹어야 하는
더 중요한 이유가 있어.
궁금하면 다음 이야기를
잘 들어 봐!

아침밥을 먹어야 하는 이유

1 선생님 말씀이 귀에 쏙쏙 들어와요!

아침밥을 먹으면 수업 시간에 집중력이 높아져. 덕분에 선생님 말씀이 귀에 쏙쏙 들어오지!

아침밥을 먹었더니 선생님 말씀이 쏙쏙 들어오네?

2 머리 회전이 빨라져요!

　아침밥을 먹으면 두뇌 활동이 활발해진다고 해. 그러니 공부 잘하는 어린이가 되고 싶다면 아침밥을 꼭 챙겨 먹어야겠지?

노는 시간과 공부하는 시간을
스스로 정해 봐!

이런, 이런!
하나와 두나는 무엇이든 엄마에게 물어보고 하는구나. 그게 나쁜 건 아니야. 엄마의 도움이 정말 필요할 때도 있으니까. 하지만 <mark>이제 초등학</mark>

생이 되었으니 스스로 할 줄도 알아야겠지?

이렇게 해 보면 어떨까? 엄마에게 물어보기 전에 스스로 정해 보는 거야. 언제 놀고, 언제 공부할지, 또 하고 싶은 일은 무엇인지. 그리고 엄마에게 생각한 것을 말해 보는 거야. 다음과 같이 말이야.

"저녁 먹고 나서 텔레비전을 보고 싶어요."

"30분만 놀고 숙제할게요."

아마 엄마도 기특하다고 칭찬해 주실걸?

하루 계획표를 그려 볼래?

갑자기 알아서 하라고 하니 뭐부터 어떻게 해야 할지 모르겠어.

너희도 두나처럼 막막하니?

그럼 내가 어떻게 해야 하는지 힌트를 줄게.

<mark>가장 쉬운 방법은 하루 계획표를 그려 보는 거야! 오늘 할 일을 시간대별로 정리해서 표로 만드는 거지.</mark> 처음부터 계획표를 그리려면 어려우니까 먼저 하고 싶은 일, 해야 할 일을 쭉 적어 보자.

이제 시간대별로 하고 싶은 일의 순서를 정해 봐!
커다란 동그라미를 그린 다음 그 안에
시간을 표시하고 칸을 나누어 계획표를 짜는 거야.
참고로 두나의 계획표를 한번 볼까?

두나의 계획표

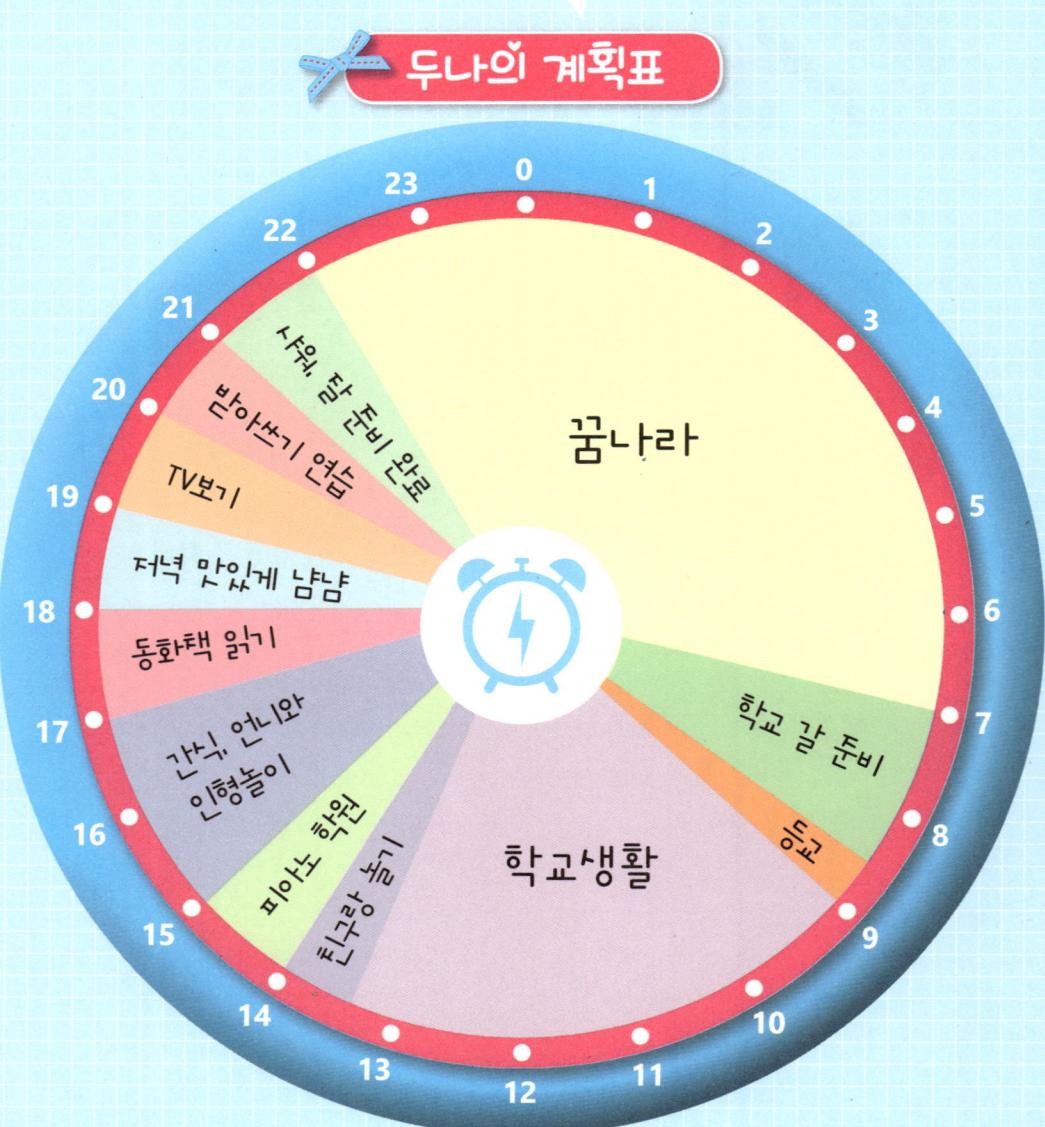

 스케치북 위에 계획표를 짜도 좋아!
색연필로 예쁘게 색칠하면 더 보기 좋겠지?

_____(이)의 계획표

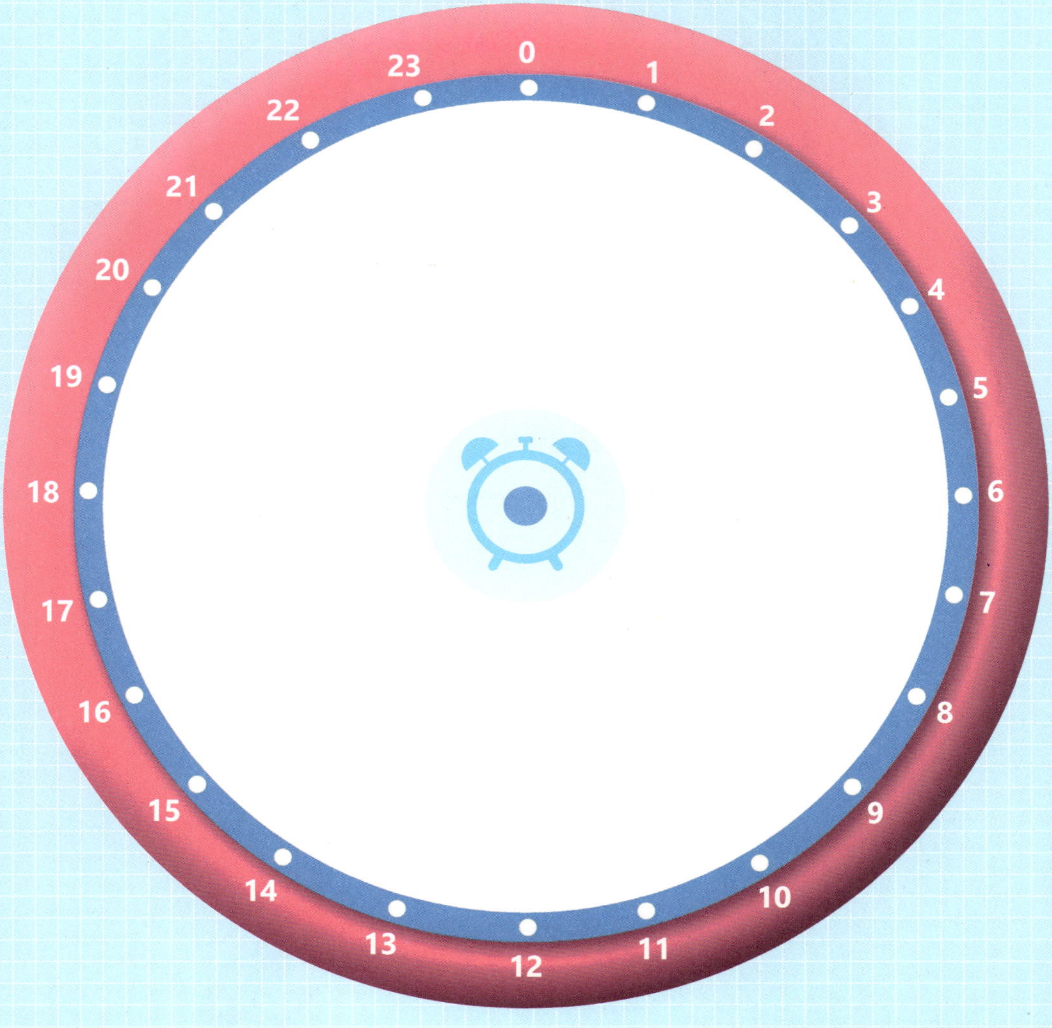

잠깐 쉬어 갈까?

집중력 키우기 놀이 ❶
다른그림찾기

56쪽과 57쪽의 그림은 같은 그림 같지만, 서로 다른 부분이 세 군데 있단다. 서로 다른 곳을 찾아 동그라미를 그려 봐!

학교생활 적응하기?

어렵지

학교가 낯설다고?
겁 먹을 필요 없어!

하나와 두나가 아직 학교가 낯선가 보구나. 아주 정상이야. 학교라는 곳에 처음 갔으니 당연한 일이야. 교실 안에 앉아 있는 것도 어색하고, 어디에 뭐가 있는지도 헷갈리지?

그렇다고 겁먹을 필요는 없어! 시간이 지나면 학교가 집만큼 편안하고 어떤 곳보다 재미있는 공간으로 느껴질 테니까. 앞으로 하나씩 적응해 보자! 하나, 두나, 아자! 아자! 파이팅!

이 요정 가루가 너희들의 두려움을 없애 줄 거야! 뾰로롱~!

너희들 모두 환영해. 앞으로 나랑 친하게 지내자!

종이 땡 울리면?
야호~, 쉬는 시간!

학교에 들어가면 모든 것이 시간표대로 진행이 돼. <mark>시간표는 몇 시부터 몇 시까지 너희들이 어떤 일을 해야 하는지 알려 주는 표야.</mark> 시간표는 크게 세 부분으로 나눌 수 있어.

수업 시간은?

선생님께서 가르쳐 주시는 내용을 듣는 시간이야. 한 번 수업이 시작되면 40분 동안 이어져.

쉬는 시간은?

하루 종일 공부만 하면 힘들겠지? 그래서 수업이 끝나면 10분 동안 쉬는 시간이 주어진단다.

점심시간은?

아침부터 네 번의 수업 시간이 끝나면 즐거운 점심시간이야!

> **잠깐!** 점심시간은 보통 40~50분 정도야. TV나 게임기에 한눈 팔며 밥을 먹는 습관을 가지고 있다면, 꼭 고치도록 해. 시간 안에 밥을 다 먹지 못할 수 있어!

책상에 바르게 앉는
연습을 해 볼까?

학교에서 너희들이 가장 많은 시간을 보내는 곳은 어디일까? 바로 교실이야. 더 정확하게 말하면 책상 앞이지!

<mark>그렇다면 책상 앞에 바르게 앉는 것부터 연습해야겠지?</mark>

시작 요정 퀴즈!

하나와 두나 중에서 책상에 바르게 앉아 있는 사람은 누구일까요? 바르게 앉은 사람의 ☐ 안에 동그라미를 해 보렴!

정답 : 2

누가 바르게 앉았는지 알겠니?

그래, 맞아. 바로 두나야!

너희들도 두나처럼 책상 앞에

바르게 앉는 연습을 해 볼래?

두나처럼 책상에 바르게 앉는 방법!

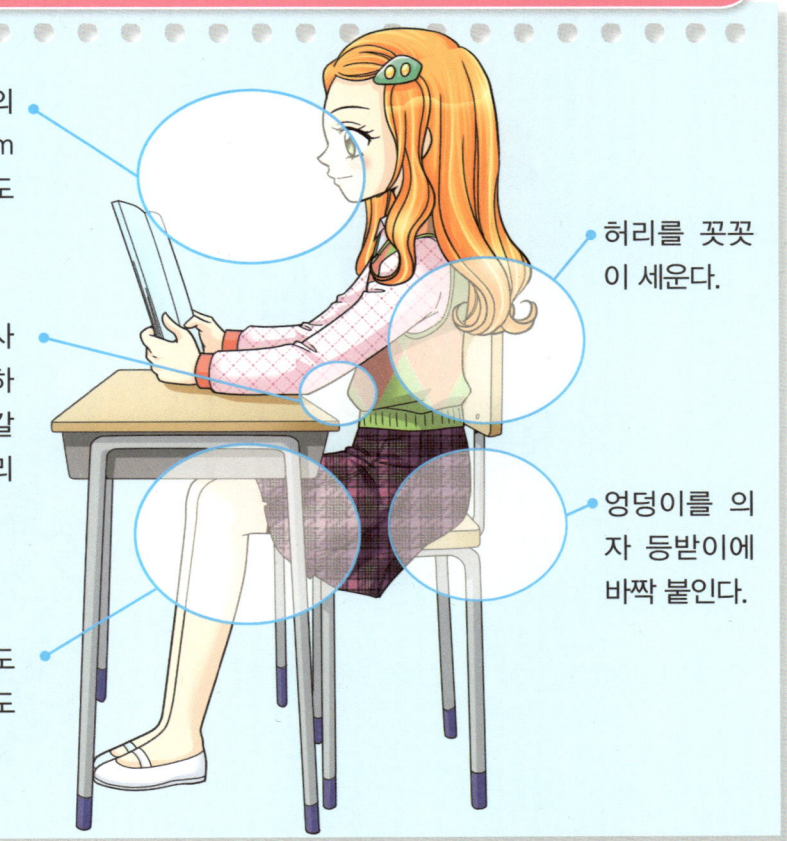

- 책과 눈과의 거리는 50cm 정도가 되도록 한다.
- 책상과 몸 사이에 주먹 하나가 들어갈 정도의 거리를 유지한다.
- 무릎은 90도 각도가 되도록 구부린다.
- 허리를 꼿꼿이 세운다.
- 엉덩이를 의자 등받이에 바짝 붙인다.

삑~! 이런 자세는 옳지 않아!

올바르지 않은 자세로 오랫동안 앉아 있으면 몸에 무리가 가게 돼. 그러니까 책상 앞에서는 바른 자세로 앉는 습관을 들이자!

40분 동안 바르게 앉아 있는 연습을 해 봐!

쉬는 시간이 되려면 아직 20분도 더 남았네…….

처음으로 오랫동안 책상 앞에 앉아 있으려니 하나가 힘든가 보구나! 너희들도 쉽지 않지? 하지만 누구나 처음부터 잘할 수는 없어. 연습을 통해 습관을 들여야지. 처음에는 10분 동안 책상 앞에 앉아서 공부를 해 봐. 10분 정도는 할 만 하다 싶으면 다음에는 20분! 그리고 30분, 40분……. 이런 식으로 시간을 조금씩 늘려 가는 거야. <mark>그렇게 자꾸 연습하다 보면, 학교에서 40분 동안 앉아 있는 게 어렵지 않을 거야.</mark>
어때, 할 수 있겠지?

하나의 실수 ❶

두나의 반에 들어올 때 뛰어 들어왔어요.

└, 교실 안에서는 뛰지 않아요!

교실 안에서 뛰면 다른 친구들과 부딪힐 수 있어. 또 쿵쿵거리게 되니까 시끄럽겠지? 조용히 책을 읽거나 공부를 하는 친구들에게 방해가 될 거야. ==교실 안에서는 천천히 걸어다니자. 약속!==

하나의 실수 ❷

두나를 부를 때 큰 소리를 냈어요.

└, 교실 안에서는 조용히 이야기해요!

교실에 있는 친구들이 모두 하나처럼 큰 소리로 말한다면 어떻게 될까? 친구가 무슨 말을 하는지 하나도 알아들을 수 없을 거야. ==교실 안에서는 최대한 목소리를 낮춰 조용히 이야기하자!==

목소리를 높여요~
대답과 인사는 크게!

학교에는 사람들이 참 많아. 담임 선생님을 포함해 교장 선생님, 교감 선생님, 다른 반 선생님들까지, 선생님이 여러 분 계시지. 친구들도 무척 많고 말이야.

또 교실 안에만 있는 게 아니라 복도를 걷거나 운동장에 나가거나 컴퓨터실, 교무실처럼 다른 교실에 갈 때도 있어. 그러니까 학교 안을 돌아다니다 보면 자연스럽게 사람들을 많이 만나겠지?

==그럴 땐 큰 소리로 밝게 인사하는 거야. 그럼 인사를 하는 사람도, 받는 사람도 기분이 좋아진단다!==

수업 시간에 선생님께서 무언가를 물어보실 때도 큰 소리로 대답을 하는 것이 좋아. 교실 안은 상당히 넓기 때문에 친구랑 이야기하듯이 작은 목소리로 대답을 하면 잘 들리지 않거든. 그러면 선생님은 두 번, 세 번 물어보시게 돼. 그러니 질문을 받았을 때는 큰 소리로 대답해야겠지? 절대 잊지 마!

친구들과
사이좋게 지내는 방법은?

학교에 가면
많은 친구들을 만날 수 있어.
한 반에 보통 20~25명의
친구들이 있는데, 그 친구들과
1년 동안 함께 지내게 되지.
오랜 시간을 함께하게 될 테니
친구들과 잘 어울린다면
학교생활이 훨씬 더 재미있어질 거야.
그런데 친구들과 사이좋게
지낼 수 있는 방법이 뭐냐고?
지금부터 그 방법을 알려 줄게
잘 들어 보렴~!

친구에게 먼저 밝게 인사해 봐!

길에서든, 복도에서든, 교실에서든 처음 친구를 만나면 먼저 다가가 밝게 인사해 봐. 바로 이렇게!

"○○야, 안녕! 좋은 아침이야."

그러고 나서 자연스럽게 어제 있었던 일이나 하고 싶은 이야기를 꺼내면 돼.

친구의 작은 변화에도 관심을 갖자!

누군가 나에게 관심을 가져 주면 기분이 좋지? 친구들도 마찬가지야. 아주 작은 것이라도 친구에게 관심을 갖고 말해 준다면, 그걸 계기로 친해질 수 있을 거야.

친구에게 어려운 일이 생기면 도와줘!

친구에게 어려운 일이 생겼다면 먼저 다가가 손을 내밀어 줘. 친구는 자신을 도와준 네가 무척 고마울 거야. 그리고 ==언젠가 너에게 어려운 일이 생겼을 때, 친구들 역시 달려와 너를 도와줄 거야.==

친구와 함께 학교 가기

집에서 학교까지 가는 길이 혹시 지루하니? 그렇다면 집 근처에 사는 같은 반 친구를 찾아봐! ==친구와 함께 학교에 간다면, 가는 길이 무척 즐거울 거야.== 많은 이야기를 나누면서 더 친해질 수 있겠지? 너의 가장 친한 친구가 되어 줄지도 몰라!

친구들과 좀 더 가까워질 수 있는
방법을 알았지? 하지만 이런 여러 가지
방법보다 더 중요한 게 있어.
바로 '진실한 마음'이야.
거짓 없이 진심을 다해
친구를 대한다면 분명 친구들과
마음이 통해 잘 지낼 수 있을 거야.
학교에서 좋은 친구를
많이 사귀길 바랄게!

선생님 말씀에는 귀를 쫑긋 세우고 집중!

저런, 하나가 수업 시간에 짝꿍하고 떠들고 있네. 선생님이 앞에서 열심히 설명하시는데 말이야. 학교에 가면 너희들은 누구의 말을 가장 잘 들어야 할까? 맞아, 선생님이야!
특히 담임 선생님의 말씀을 잘 들어야 해.
왜 그래야 하냐고? 그 이유는……

담임 선생님은 우리에게……。

1 공부를 가르쳐 줘요!

너희들 모두 공부를 잘하고 싶지? 담임 선생님이 가르쳐 주는 대로 잘 따라 하기만 한다면, 공부에 대한 걱정은 안 해도 돼!

2 학교생활을 잘할 수 있도록 이끌어 줘요!

담임 선생님은 너희들이 학교생활을 어떻게 해야 하는지 알려 주는 역할도 해. 선생님 말씀만 잘 듣는다면 학교생활에 훨씬 더 쉽게 적응할 수 있단다!

3 준비물을 알려 줘요!

학교에 가면 그때그때 집에서 챙겨가야 할 것들이 생겨. 그런 것을 너희에게 모두 알려 주는 사람이 바로 담임 선생님이야.

> **잠깐!** 선생님 말씀을 잘 듣지 않으면 누가 가장 손해일까? 그래, 바로 너희들이야. 그러니까 학교에 가면 귀를 쫑긋 세우고 선생님 말씀에 집중해야 한단다!

난 두나의 마음을 충분히 이해할 것 같은데? 사실 수업 시간은 선생님 말씀을 듣느라 교실 안이 조용하잖아. 그런데 혼자 손을 들고 선생님께 화장실에 가고 싶다고 말하는 게 쉽지 않지. 부끄럽기도 하고 말이야. 그래서 두나처럼 갑자기 화장실에 가고 싶거나 수업 내용 중에 궁금한 게 있어도 쉽게 이야기하지 못할 수 있어.

하지만 첫 고비만 잘 넘기면 그 다음은 쉽단다. 숨을 크게 세 번 내쉰 다음 용기를 내어 손을 번쩍 들어 봐. 그리고 하고 싶은 말을 차근차근 하는 거야. 한 번 말문이 트이면 두 번째는 처음보다 조금 더 쉬워지고, 세 번째, 네 번째는 더 쉬워진단다.

어때, 이제 용기를 낼 수 있겠지?

책은 큰 소리로 또박또박 읽자!

우와~, 두나가 처음으로
수업 시간에 일어서서 책을 읽고 있네!
앗, 그런데 반 친구들이 두나가 책 읽는 것은
듣지도 않고 짝꿍과 떠들거나
다른 데 관심을 두고 있어. 어떻게 된 일일까?

목소리가 작으면 들리지 않아요!

교실은 굉장히 넓어. 그래서 친구들과 대화할 때 내는 목소리로는 반 친구들 모두에게 소리가 전달되지 않아. 수업 시간에 혼자 책을 읽게 되거나 발표할 일이 생기면 평소보다 목소리를 훨씬 크게 내야 한단다. 그래야 친구들이 네 목소리에 귀를 기울일 수 있어.

웅얼거리면 들리지 않아요!

책을 읽을 때는 입도 크게 벌리고, 한 글자 한 글자 웅얼거리지 말고 정확하게 발음해야 해. 집에서 책을 읽을 때 큰 소리로 또박또박 읽는 연습을 해 봐. 그럼 학교에서도 어색하지 않을 거야!

두근두근 발표, 엄마 앞에서 연습해 봐!

학교에 가면 친구들 앞에서 발표할 일이 생겨. 생각만 해도 떨린다고?
처음은 다들 그래. 하지만 걱정하지 마. 다섯 번이고,
열 번이고 계속 연습하다 보면 잘할 수 있거든!
우선 엄마 앞에서 준비한 내용을
발표하는 연습을 해 봐. 언니, 동생이 있다면
모두 부르는 거야. 그렇게 다른 사람 앞에서
발표하는 연습을 하다 보면 친구들 앞에서
발표하는 게 조금은 쉬워진단다!

휴대 전화로 동영상을 찍어 봐!

내가 발표하는 모습을 볼 수 없으니 답답하지?

이럴 때 쓸 수 있는 방법이 바로 동영상 촬영이야! 엄마의 휴대 전화로 동영상을 찍으면, 내가 어떤 표정과 목소리로 발표하는지 바로 확인할 수 있어. 표정을 더 밝게 해야겠다, 말은 좀 천천히 해야겠다, 하는 게 바로 느껴질 거야.

집에서 발표 연습을 할 때 휴대 전화 동영상을 적극 활용해 봐!

말로 표현해 봐!
학교에서 무슨 일이 있었니?

오늘은 학교에서 무슨 일이 있었니?
학교에 가면 친구들도 많고, 배우는 것도 많아서
여러 가지 일이 생길 거야. 엄마는 직접
볼 수 없으니까 무척 궁금하시겠지?
학교에 다녀오면 친구들과 무슨 일이 있었는지,
무엇을 배웠는지 엄마에게 이야기해 줄래?

우리 하나, 두나는 지금쯤 학교에서 뭘 하고 있을까?

이따가 오면 물어보세요!

이렇게 날마다 말하다 보면 엄마와 훨씬 더 가까워지고, 이야기하는 솜씨도 늘 거야!

한마디로 꿩 먹고 알 먹고 아니겠니?

그림일기로 표현해 봐!
학교에서 무슨 일이 있었니?

뭐가 그렇게 재밌어?

하하, 이때 이런 일이 있었구나!

호호, 지금 하나가 보고 있는 게 원지 난 알 것 같은데? 바로 하나의 '그림일기'! 언제부터인가 하나가 그림일기를 쓰더라고. 하나의 이야기를 잠깐 들어 볼까?

이하나 양, 그림일기는 언제부터 쓰기 시작했나요?

초등학교 입학식 날부터 쓰기 시작했어요.

이유가 뭔가요?

초등학교 입학식은 제게 굉장히 특별한 날이랍니다. 제가 그날 어떤 옷을 입었는지, 어떤 기분이었는지, 입학식에서 무슨 일이 있었는지 남겨 두고 싶었어요. 그럼 나중에 봐도 그날 기억이 생생하게 떠오를 테니까요!

그럼 그때부터 매일 쓰고 있는 건가요?

너무 피곤해서 잠든 날이나 깜빡 잊어버린 날을 빼고는 거의 날마다 썼어요.

그림일기를 써 보니 좋은 점이 뭔가요?

오늘 하루 어떻게 지냈는지 정리할 수 있어서 좋아요. 일주일 전에 뭘 했는지 기억 안 날 땐 그림일기를 펼쳐 보면 되고요. 달못하거나 후회되는 일이 있으면 적어 놓기도 하는데, 같은 실수를 되풀이하지 않게 되는 것 같아요.

앞으로도 계속 쓸 생각인가요?

당연하죠!

하나 이야기 잘 들었니? 누가 시킨 것도 아닌데 스스로 그림일기를 쓰고 있다니 대견한걸? 하나 이야기를 들어 보니 그림일기를 쓰는 것이 왜 좋은지 알겠지? 아직 잘 모르겠다고? 그럼 내가 다시 정리해 줄 테니 잘 들어 봐!

그림일기를 쓰면 좋은 점

1 하루를 정리할 수 있다

일기는 날마다 그날그날 겪은 일이나 생각, 느낌 등을 적는 나만의 기록을 뜻해. 일기를 쓰면 오늘 하루 내가 무엇을 하며 보냈는지 되돌아볼 수 있겠지?

2 추억이 쌓인다

하루하루의 기록이 모이면 일주일, 한 달, 1년……. 이렇게 계속 늘어나겠지?

늘어나는 그림일기만큼 나의 추억도 쌓이는 거야. 그림일기를 쓰면 내가 예전에 어떻게 지냈고, 무슨 생각을 했는지 알 수 있단다!

3 같은 잘못을 반복하지 않는다

오늘 숙제를 하지 않아 선생님께 혼났다고 생각해 봐. 그걸 그림일기에 적어 놓으면, 내 잘못을 다시 한 번 깨닫게 돼. 그럼 같은 잘못을 되풀이하지 않기 위해 노력하게 되겠지?

어제는 숙제를 안 해 가서 선생님께 혼났어. 오늘은 열심히 해 가야지!

4 글쓰기 실력이 는다

쓰면 쓸수록 실력이 느는 게 뭘까? 바로 글이야! 그림일기만큼 글쓰기를 연습할 수 있는 좋은 도구도 없어. 처음에는 앞뒤 문장도 어색하고, 맞춤법이 틀릴 때도 있겠지만, 계속 쓰다 보면 어느 순간 글쓰기 실력이 쑥~ 커진 자신을 발견하게 될 거야!

5 창의력이 생긴다

그림일기에는 글만 있는 게 아니야. 그림도 있지. 그림을 잘 못 그린다고? 걱정할 것 없어. 어차피 그림일기는 나만 보는 거잖아! 잘 그리든, 못 그리든 신경 쓰지 말고 자유롭게 그리면 돼. 그러다 보면 창의력도 몰라보게 자랄 거야!

하나의 그림일기

날짜	3월 23일 월요일	날씨	☀ ☁ ⛅ ☔
일어난 시간	7시 30분	잠을 잔 시간	10시 00분

　오늘은 점심시간에 밥을 좀 늦게 먹었다. 반도 먹지 못했는데 점심시간이 끝나는 종이 울렸다. 짝꿍이랑 이야기를 너무 많이 했나 보다. 내일부터는 점심시간에 좀 더 열심히 밥을 먹어야겠다.

오늘의 중요한 일	선생님 말씀 잘 듣기	오늘의 착한 일	책을 가져오지 않은 친구와 함께 책을 봤다.
오늘의 반성	점심을 늦게 먹었다.	내일 할 일	피아노 학원 가기

이제 감이 답했지?
너희들도 그림일기를 한번 써 볼래?

 [   ] (이)의 그림일기

날짜		날씨	☀️ ☁️ ⛅ 🌧️
일어난 시간		잠을 잔 시간	

오늘의 중요한 일		오늘의 착한 일	
오늘의 반성		내일 할 일	

날짜		날씨	
일어난 시간		잠을 잔 시간	

오늘의 중요한 일		오늘의 착한 일	
오늘의 반성		내일 할 일	

잠깐 쉬어 갈까?

집중력 키우기 놀이 ❷
미로찾기

하나와 두나, 시탁 요정이 좋아하는 과일[채소]은 과연 무언일까?
미로를 빠져나가면 **정답**을 알 수 있어!

정답 : 하나 – 수박, 두나 – 토마토, 시탁 요정 – 딸기

100점 맞는 법?
바꿔 봐!

공부의 시작은 바르게 연필 잡기부터!

학교에 들어가서 가장 많이 손에 쥐게 되는 것은 무엇일까? 그래, 바로 연필이야! 초등학교 1학년 때는 연필을 바르게 잡는 법부터 익혀야 해. 공부의 시작은 연필을 제대로 잡는 것부터라는 사실, 잊지 마!

충격 뉴스!

세상에! 초등학생 50명 가운데 연필을 바르게 잡는 어린이는 겨우 2~3명밖에 안 된다는 조사 결과가 발표 되었대!

에고고, 글씨 쓰다가 내 연약한 손목 부러지겠네. 히잉~.

어머나! 하나야, 그렇게 힘을 주고 글씨를 쓰면 금세 지치게 돼!

연필을 바르게 잡으면 좋은 점이 뭐냐고? 바로 이거야!

① 글씨를 예쁘게 잘 쓸 수 있어.
② 오랜 시간 글씨를 써도 힘들지 않아.
③ 한번 습관을 들이면 어른이 되어서도 바르게 글씨를 쓸 수 있어.

시작 요정의 추천

얘들아, 너희들 중 가는 연필 심을 넣어서 쓰는 샤프라는 필기구를 쓰는 친구가 있니? 샤프는 글씨를 쓰는 데 아직 익숙하지 않은 너희들이 쓰기에는 좋지 않아. 샤프는 심이 얇아서 금방 뚝뚝 부러질 수 있거든. 샤프보다는 심이 굵은 연필을 사용하는 것이 좋아!

연필 바르게 잡는 방법을 알려 줄게!

1. 세 번째(중지), 네 번째(약지) 손가락과 새끼손가락을 모아 연필을 받친다.

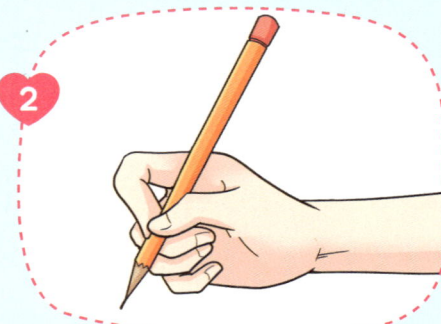

2. 첫 번째(엄지), 두 번째(검지) 손가락을 이용해 연필을 잡는다.

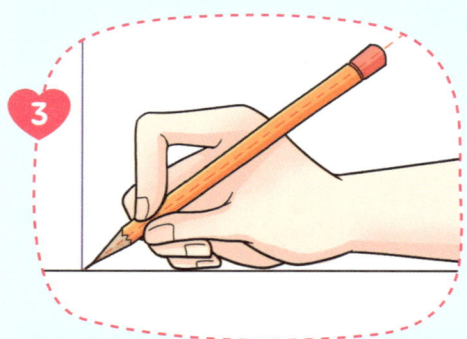

3. 연필을 45도 각도로 적당히 세운다.

4. 알맞게 힘을 주면서 글씨를 쓴다.

나처럼 귀여운 곰돌이 연필로 써야지!

이런 자세는 옳지 않아!

연필심에 너무 가깝게 잡으면 안 돼요!

연필을 너무 세워서 잡으면 안 돼요!

연필이 너무 누워도 안 돼요!

연필을 잡은 손에 너무 힘을 줘도 안 돼요! 그럴 경우 조금만 글씨를 써도 금세 지칠 수 있어요.

난 내가 제일 좋아하는 보라색 연필!

연필을 바르게 잡아야 예쁜 글씨를 쓸 수 있어!

글씨는 큼직큼직하게 똑바로 쓰자!

글씨 쓸 때 이런 걸 생각하고 써 봐!

1 공책의 칸 안에 쏙~ 들어가게 쓰자!

(○) 공책을 펼치면 칸을 나눠 주는 줄이 그어져 있지? 그 칸 안에 알맞게 글씨를 쓰면 돼.

(×) 너무 작게 써서 칸이 많이 남거나, 너무 크게 써서 칸 밖으로 글씨가 삐져나오면 알아보기 힘들어!

2 정성 들여 바르게 쓰자!

(○) 한 자, 한 자 정성을 다해 똑바로 쓰도록 노력해 봐.

(×) 빨리 쓰려고 하다 보면 글씨가 삐뚤빼뚤해져!

이게 글씨야, 지렁이야? 도대체 읽을 수가 없어!

자, 그럼 배운 대로 바르게 글씨를 써 볼까?

_____초등학교 _____학년 _____반

이름_____

이제 글씨를 어떻게 써야 하는지 알았니?
지금까지 내가 알려 준 대로 잘 따라 했다면
절반은 성공한 거야. 그럼 끝이냐고? 아니야.
한 가지 더 남았어. 바로 예쁘게 글씨 쓰기야!

얼굴만큼
난 글씨체도
참 예뻐. 후훗!

글씨는 그 사람의 마음이야!

'글씨는 그 사람의 마음을 나타낸다.'는 말이 있어. 예쁘게 쓴 글씨를 보면 왠지 글을 쓴 사람의 마음도 예쁠 것 같지 않니? 글씨체는 한번 습관이 들면 나중에 바꾸기 힘들어. 그러니 처음 시작할 때 바르고 예쁘게 쓰는 습관을 길러야 해!

시험에서도 유리해!

글씨를 예쁘게 쓰면 시험을 볼 때도 좋아. 요즘에는 서술형·논술형 시험이라고 해서 글을 보고 평가하는 경우가 많거든. 예쁘고, 바르게 글씨를 쓴다면 좋은 인상을 줄 수 있겠지?

공책 필기도 알아보기 쉬워!

학교에 가면 선생님 말씀이나 수업 시간에 나오는 중요한 내용을 적을 일이 많아. 알림장에 준비물을 메모하기도 하고, 공책에 공부 내용을 적기도 하지. 만약 삐뚤빼뚤하게 글씨를 쓴다면 나중에 알아보기 힘들 거야. **그러니 지금부터 예쁘고 바르게 쓰는 연습을 하길 바랄게!**

글씨 예쁘게 쓰는 방법

★ 띄어쓰기를 알맞게 하자!

우리말에는 띄어쓰기라는 것이 있어. 글에 담긴 뜻을 정확히 전달하기 위해서 낱말마다 간격을 주어 띄어 쓰는 거야. 낱말을 적당히 띄어 쓰면 보기에도 좋단다.

★ 예쁜 글씨체를 따라 쓰자!

요즘에는 예쁜 글씨체가 참 많아. 엄마에게 예쁜 글씨체를 찾아 프린트해 달라고 부탁해 봐. 그리고 글자 위에 한 자, 한 자 따라 써 보도록 해.

★ 네모 칸에 맞추어 예쁘게 따라 써 보세요!

초등학교에 들어가면 어떤 걸 배울까?

> 후유~ 하나도 모르겠네…….

앗! 너희들도 혹시 하나처럼 당황했니? 여러 권의 교과서를 보면서 1년 동안 어떻게 이 많은 걸 배울까, 걱정하는 친구들도 있을 거야. 하지만 겁먹을 거 하나도 없어. 교과서에는 재미있는 내용들이 가득하니까! 자, 그럼 교과서를 하나씩 파헤쳐 볼까?

> 한글은 세계 어느 나라 글보다 배우기 쉬운 글이란다.

국어 국어는 가장 기본적으로 배우는 과목이야. 우리말과 우리글을 읽고 쓰고 이해하는 공부를 한단다.

국어 활동 국어 교과서를 통해 배운 내용을 좀 더 자세히 공부할 때 도움을 주는 책이야. 집에서 예습·복습할 때 봐도 좋아.

수학 1, 2, 3……49, 50. 이렇게 숫자를 세는 것부터 더하기, 빼기와 같은 셈하기 방법 등을 배워. 시계를 읽고, 시간을 어떻게 계산하는지 알려 주는 것도 바로 수학이지.

수학 익힘책 수학 교과서에서 배운 내용을 문제로 풀어 보는 책이야. 재미있는 수학 만화도 있고, 우리 생활과 관련된 이야깃거리와 활동도 살펴볼 수 있어.

교과서 이름이 재밌지?

통합 교과 음악, 체육, 미술, 과학 등 여러 가지 과목을 함께 배울 수 있도록 만든 교과서야.

1 봄
학교생활을 시작하는 1학년들에게 학교란 어떤 곳인지 알려 주고, 봄이라는 계절에 대해 배우는 책이야.

2 여름
가족에 대해 알려 주고, 여름이라는 계절에 대해 배우는 책이야.

3 가을
우리 이웃에 대한 것과 전통 명절인 추석에 대해 배워.

4 겨울
우리나라에 관한 것과 겨울이라는 계절에 대해 배워.

5 안전한 생활
교통 규칙, 화재, 지진이 일어났을 때 대처하는 방법과 우리 주변의 시설물을 안전하게 이용하는 방법 등을 알려 주는 책이야.

교과서는 내 친구, 자꾸자꾸 읽어 봐!

갑자기 배워야 할 것이 많아졌지?
너무 부담스러워하지 말고,
내가 쑥쑥 자랄 수 있는 기회라고
생각하렴. 그동안 몰랐던 걸 알려 주니
얼마나 고맙니! 알고 보면
교과서 속에는 재미있는 내용도 많아.
그러니까 교과서랑 더 친하게 지내길 바라!

앞으로 널
예뻐해 주겠어!
쪼옥, 쪽!

아, 아니,
이렇게 예뻐해 달라는 건
아닌데……. 어쨌든 좋아!
앞으로 친하게
지내자!

교과서랑 친해지는 방법은?

1 내일 배울 내용을 미리 읽어요!

어려운 내용도 여러 번 읽다 보면 이해가 돼. 교과서도 마찬가지야. 처음 읽을 때보다 두 번째, 세 번째 읽을 때 훨씬 더 잘 이해되지. 내일 배울 내용을 오늘 한 번 읽어 보고 간다면, 선생님이 수업하실 때 더 잘 이해할 수 있어. 잘 모르는 내용은 표시해 두거나 적어 두었다가 선생님께 여쭤 보면 더 좋아.

==다음 날 배울 내용을 미리 공부해 가는 걸 '예습'이라고 해. 우리 모두 예습을 잘하는 학생이 되자!==

2 오늘 배운 내용을 한 번 더 읽어요!

오늘 배운 내용을 바로 복습해 봐! 약속~!

배운 내용을 오래 기억하는 방법이 뭘까? 바로 보고 또 보는 거야! 오늘 배운 내용을 며칠이 지나 다시 보는 게 아니라 학교에서 돌아온 그 날 다시 한 번 책을 펼치고 보는 거지.

그러면 그날 배운 내용을 더 오래 기억할 수 있단다. 이렇게 배운 내용을 다시 한 번 공부하는 걸 '복습'이라고 해. 공부를 잘하는 사람은 예습과 복습을 열심히 하는 사람이란다. 이제 너희들도 그렇게 할 거지? 나랑 약속~!

3 "교과서에 나온 내용과 관련된 책을 읽어"요!

공부를 하다 보면 교과서에 나온 내용에 대해 더 자세히 알고 싶을 때가 있어. 그럴 땐 책을 찾아 읽으면 돼. 수업 시간에 선생님께서 세종 대왕이나 이순신 장군처럼 훌륭한 사람에 대해 이야기해 주셨다면, 위인전을 찾아 읽어 보는 거지.

그런데 어떤 책을 봐야 할지 막막하다고? 그럼 망설이지 말고 엄마에게 도움을 청해 봐. 무척 기특해하시면서 책을 찾아 주실 거야!

오늘은 별자리에 대해 배웠어요. 별자리에 대한 책을 읽고 싶어요!

어머~, 우리 하나 기특하기도 하지. 엄마가 당장 별자리 관련 책을 구해 줄게!

시작 요정의 추천

올바로 쓴 낱말을 찾아서 동그라미를 그려 봐!

국물 ☐	궁물 ☐
꾀고리 ☐	꾀꼬리 ☐
떡뽀끼 ☐	떡볶이 ☐
김치찌개 ☐	김치찌게 ☐
놀이터 ☐	노리터 ☐

정답 : 국물, 꾀꼬리, 떡볶이, 김치찌개, 놀이터

어때, 많이 맞혔니?
여전히 헷갈리는 낱말이 많지?
걱정 마! 내가 맞춤법을 재미있게 익힐 수 있는
방법을 알려 줄게. 눈만 동그랗게 뜨고,
주변을 둘러보면 끝!
우리 주변은 생각보다 공부거리로 가득하단다.

걸어가면서 간판을 살펴봐!

길을 걷다 보면 수많은 가게들이 있지? 가게에는 저마다 자기만의 이름이 적힌 간판이 붙어 있어. ○○ 떡볶이, ○○ 서점, ○○ 문방구……. 지나가면서 간판만 제대로 살펴봐도 한글 실력이 쑥쑥 자란단다. 여러 번 반복해서 같은 글자를 보면 저절로 익혀지거든!

여기저기 다니며
체험 활동도 열심히!

흠……. 봄에 씨를 뿌린다고? 이 작은 씨앗이 어떻게 큰 나무가 되는 거지?

두나가 교과서를 읽다가 궁금한 게 생긴 모양이구나! 글로만 읽으면 아무래도 이해되지 않는 부분이 생기지. '백 번 듣는 것보다 한 번 보는 게 더 낫다.'는 속담도 있어. 교과서를 읽거나 선생님 설명을 듣고도 잘 모르겠다면 너희가 직접 체험을 해 보는 거야!

다양한 체험 활동 방법

간단하게 집에서 궁금한 내용을 확인해 볼 수도 있어!

교과서 내용과 관련된 장소로 가족들과 함께 여행을 떠나는 것도 큰 도움이 되지!

목장 체험, 숲 체험 등 여러 가지 체험 활동을 해 보는 것도 좋아!

받아쓰기를 잘하는 방법은?

1 많이 읽고, 많이 소리 내 봐!

우리말은 소리와 쓰는 방법이 다른 낱말이 많아. '국물'을 예로 들어 볼까? 국물은 쓸 때는 'ㄱ' 받침이 있는 '국물'로 쓰지만, 읽을 때는 'ㅇ' 받침이 들어간 것처럼 '궁물'로 읽거든. 그래서 소리 나는 대로 쓰면 틀리기 쉬워.

==이런 실수를 하지 않으려면 낱말을 많이 읽어 봐야 해. 특히 소리 내서 읽어 봐야 어떻게 쓰는지 정확히 알 수 있어.==

2 연습만이 살 길!

받아쓰기를 잘하려면 뭐니뭐니 해도 연습이 최고야. 여러 번 써 보면 맞춤법을 저절로 익힐 수 있거든. 혼자서 연습하면 조금 심심하겠지? 혹시 언니나 오빠, 동생이 있다면 받아쓰기 내기를 해 보는 것도 좋아. 승부욕이 생겨서 더 열심히 공부할 수 있어. 형제가 없는 친구들은 엄마와 함께 연습해 보렴!

받아쓰기 연습에도 순서가 있다!

쉬운 낱말부터 연습하자!

받아쓰기를 연습할 땐 무작정 하는 것보다
차근차근 계획을 세우고,
순서를 정해 연습하는 게 더 효과적이야.
쉬운 것부터 어려운 것 순으로
천천히 단계를 밟아 나가는 거지.

❶ 받침이 없는 낱말부터 복잡한 낱말 순으로!

사과, 조개, 배, 가위, 바나나, 지우개, 소나무

이 단어들의 공통점은 뭘까? 맞아, 받침이 없다는 거야. 그래서 받아쓰기 쉬운 단어에 속하지. 처음에

받아쓰기를 연습할 때는 이렇게 받침이 없는 쉬운 단어부터 시작하는 게 좋아.

그럼 다음 단계는?

> 감, 수박, 농사, 여름, 주걱, 책상, 공책, 술래

이런 낱말처럼 받침이 한 개 있는 낱말을 받아쓰는 거야. 마지막은?

> 닭, 싫증, 젊음, 삶, 굵기, 흙, 값

보기만 해도 머리가 팽글팽글 돌지? 이렇게 두 개의 받침이 함께 있는 단어들을 마지막에 익히면 돼.

2 단어에서 문장 순으로!

짧은 낱말에서 문장 순으로 익히는 것도 방법이야. '태양, 축구'처럼 짧은 낱말을 연습하다가 익숙해지면 '아침 해가 높이 떠올랐어요.'처럼 긴 문장을 써 보는 거지.

같은 낱말을 자꾸 자꾸 틀린다면?

한 번 틀린 낱말은 다음에 또 틀릴 때가 많아.
같은 낱말을 자꾸 틀린다면 이렇게 한번 해 봐!

❶ 틀린 낱말만 공책에 5번씩 쓰자!

학교에서 받아쓰기 시험을 보거나 엄마와 함께 연습을 할 때 틀린 낱말이 생기지? '틀린 낱말 공책'을 한 권 만들어 볼래? 그 공책에는 내가 틀린 낱말만 쓰는 거야. 틀린 낱말을 3번~5번 정도 반복해서 쓰다 보면 틀린 걸 다시 틀리는 실수를 막을 수 있을 거야!

2 낱말 카드 붙여 놓기!

그래도 안 외워지는 낱말이 있니? 그렇다면 낱말 카드를 이용해 봐!

==자꾸 틀리는 낱말을 공책 정도 크기의 종이에 커다랗게 써 놓는 거야. 그리고 책상 앞이나 화장실, 거실 등 눈에 잘 띄는 곳에 붙여 두는 거지.== 꼭 공부하려고 하지 않아도 여기저기 낱말이 붙어 있으면 눈길이 가겠지? 그럼 저절로 머릿속에 남을 거야.

으샤으샤~, 공부는 체력!
신나는 놀이로 체력을 키우자!

공부를 잘하기 위한 첫 번째 조건은 뭘까?
높은 아이큐? 좋은 기억력? 땡! 모두 아니야.
첫 번째 조건은 바로 튼튼한 몸, 곧 체력이야! 체력이 뒷받침 돼야
책상에 오래 앉아 있어도 지치지 않고, 끈기 있게 공부할 수 있거든.
공부는 한 번 잘한다고 끝나는 게 아니야. 초등학교 6년, 중학교 3년,
고등학교 3년까지 무려 12년 동안 이어지는 긴 마라톤과 같아.
오랜 시간 지치지 않고 공부하기 위해서는 튼튼한 몸이 먼저라는 점,
잊지 마! 지금부터 재미있게 즐기면서 체력을 기를 수 있는 방법을 추천해 줄게.

체력을 키울 수 있는 방법

1 두 발 자전거 타기

처음에는 엄마나 아빠의 도움을 받아서 연습을 해 보자. 자전거를 배우면서 부모님과도 더 친해질 수 있단다. 피나는 연습 끝에 혼자 자전거를 탈 수 있게 되면 정말 짜릿한 기분을 느낄 수 있을 거야.

잠깐! 자전거를 탈 때는 머리에 쓰는 헬멧과 무릎을 감싸 주는 무릎 보호대를 꼭 하고 타도록 해!

2 신나는 놀이 – 무궁화 꽃이 피었습니다!

　너희들 혹시 '무궁화 꽃이 피었습니다'라는 놀이 알고 있니? 여러 명의 친구들과 함께 하는 놀이인데, 몸을 많이 움직여야 하기 때문에 체력을 키우는 데 도움이 돼. 순발력을 기르는 데도 아주 좋단다!

'무궁화 꽃이 피었습니다' 놀이 방법

1 노래 배우기

'무궁화 꽃이 피었습니다' 놀이를 하려면 먼저 노래를 알아야 해. 술래가 되면 아래 악보에 있는 노래를 계속 불러야 하니까.

2 술래 정하기

'가위 바위 보'를 해서 한 명의 술래를 정해. 술래는 기둥이나 벽 쪽으로 돌아서서 다른 친구들을 보지 말아야 해.

3 노래가 나오는 동안에만 움직이기

술래가 돌아서서 「무궁화 꽃이 피었습니다」라는 노래를 부르면, 나머지 사람들은 재빨리 술래 쪽으로 다가가. 이 노래가 끝나면 술래는 뒤를 돌아볼 수 있어. 술래가 돌아보기 직전에 딱 멈춰야 해. 만약 움직이는 걸 들키면 술래의 손을 잡는 거야.

4 친구 구출하기

'무궁화 꽃이 피었습니다'를 계속 반복하면서 술래 쪽으로 다가간 다음 술래의 손을 쳐서 재빨리 출발선으로 도망쳐 오면 놀이가 끝나. 이때는 술래에게 붙잡힌 사람들도 도망칠 수 있어. 빨리 달리지 못해 술래에게 붙잡히면 그 친구가 다음 차례에 술래가 되지.

공부가 재미없다고? 천만에!
공부는 즐기면서 하는 거야!

너희들도 공부는 딱딱하고 어렵기만 하다고 생각하니? 그렇지 않아. 공부는 얼마든지 즐기면서 할 수 있어. 나랑 같이 '공부놀이' 한번 해 볼래?

하암~, 공부만 하려고 하면 이렇게 하품이 나오네.

나랑 같이 게임 한 판 할까?

게임?

국어 공부 — 끝말잇기 놀이

끝말잇기 놀이 해 본 적있니? 낱말 하나를 말하면 다음 사람이 마지막 글자로 시작하는 낱말을 말하는 놀이야.

'책상 → 상장 → 장사' 이런 식으로 말이야. 이렇게 낱말을 계속 말하면서 끝말을 이어 가는 거지. 끝말잇기는 재미도 있으면서 국어 실력을 키우는 데도 도움이 된단다.

그럼 나랑 같이 끝말잇기를 해 볼까? ☐ 안에 들어갈 알맞은 글자를 적어 봐!

지우개 → 개☐리 → 리어카 → 카☐라 → 라디오 → 오☐오 → 오이 → ……

정답 : 개나리, 카메라, 오징어

수학 공부 — 구구단을 외자

구구단을 외자~. 2×5는?

10! 구구단을 외자~. 3×2는?

구구단은 2단부터 9단까지 있는데, 구구단도 놀이로 재미있게 익힐 수 있어. 친구랑 같이 '구구단을 외자' 게임을 하면 돼. 서로 번갈아 가며 문제를 내고 답을 맞히는 게임이야. 한 문제가 끝난 뒤에는 '구구단을 외자'를 외치는 거야. 이 게임을 여러 번 하다 보면 구구단이 익숙해진단다!

누가 시켜서 하는 공부?
아니 공부는 널 위해 하는 거야!

학교에 들어가면 가장 많이 듣는 말이 뭘까? 아마 '공부 좀 해라!'일 거야. 부모님은 너희가 공부를 열심히 하길 바라시지. 하지만 부모님이 시킬 때만 공부를 하는 건 좋지 않아. 누가 시켜서 하면 공부가 재미도 없고, 하기 싫은 마음이 더 커지게 돼. 내가 왜 공부를 해야 하는지 알면 엄마가 잔소리하지 않아도 스스로 욕심을 내서 열심히 하게 될 거야!

얘들아, 이제 그만 놀고 공부 좀 해라, 응?

으으~, 공부, 공부!

매일 들으니 지겹다.

공부를 잘하면 좋은 점

1 자신감이 생긴다

공부를 잘하면 학교에서 칭찬받을 일이 많이 생겨. 칭찬을 많이 받다 보면 스스로가 잘하고 있다는 생각이 들게 돼. 덕분에 어떤 일을 하든 자신감이 생긴단다!

2 꿈을 이루는 데 도움이 된다

너희들은 커서 무엇이 되고 싶니? 아직은 이것저것 하고 싶은 일이 많지? 그런데 한 가지는 확실해. 너희들이 무엇이 되고 싶든 공부를 잘하면 그 꿈을 이루는 게 훨씬 쉬워진단다. 또한 공부를 잘하면 미래에 어떤 일을 할지 선택의 폭이 넓어진단다.

잠깐 쉬어 갈까?

집중력 키우기 놀이 ❸
단어 퍼즐을 맞혀 봐!

137쪽을 보렴. 눈알이 팽글팽글 도는 것 같지?
단어가 뒤죽박죽 섞여 있어 어지럽지? 큭큭!
여기에 **'요정, 사랑, 학교, 소리'**
낱말 네 개가 숨어 있어.
숨어 있는 낱말을 찾아
빨간색으로 동그라미를 그려 봐!

에헤라~ 디야.
이 정도쯤이야
식은 죽 먹기지!

주	솔	지	초	사
타	라	요	영	랑
학	교	정	규	북
와	겨	충	소	리

안! 벌써?

헤헤, 내가 제일
먼저 풀었지롱~

이해력이 쑥쑥~

시작!

책을 많이 읽으면 모든 과목이 쉬워진다!

학교에 들어가면 여러 가지 과목을 배우지만, 밑바탕에는 책 읽기가 깔려 있다고 할 수 있어. 한마디로 책 읽기가 모든 공부의 시작이지!

책을 많이 읽으면 좋은 점

1. 이해력이 쑥쑥~!

모든 공부는 읽는 것에서부터 시작해. 국어든, 수학이든 일단 내용을 읽고 이해해야 하니까. **책을 많이 읽으면 이해력이 높아져서 공부에 도움이 된단다.** 한 번만 읽어도 무슨 뜻인지 알 수 있게 되는 거지!

2 글쓰기 실력이 쑥쑥~!

책을 많이 읽은 사람은 글도 잘 써. 좋은 글을 많이 읽으면 나도 모르게 어떻게 글을 써야 하는지 알게 되거든. 또 글을 더 재미있게 쓰는 방법, 논리 정연하게 쓰는 방법도 깨닫게 되지. 글을 잘 쓰고 싶다면, 먼저 책을 많이 읽는 것부터 시작해야 해!

3 지식의 크기도 쑥쑥~!

책을 많이 읽으면 자연스럽게 여러 가지 지식을 얻게 돼. 학교에서 수업을 들을 때 배경지식을 알고 있으면 더 쉽게 이해할 수 있겠지?

책과 친해질 수 있는
방법이 궁금하니?

책을 읽기 시작한 지 5분 만에 잠들었잖아!

이따 엄마한테 유부초밥 만들어 달라고 해야지.

책을 펴 놓고 딴생각만 하는 하나,
책만 펼쳤다 하면 잠이 들어 버리는 두나.
너희들도 그러니? 그렇다면 아직 책 읽는 재미를
모르는 거야. 처음에는 재미를 붙이기 어렵지만,
한번 빠지면 책의 매력에서 헤어 나오기 힘들단다.
그럼, 어떻게 하면 책 읽기가 재미있어질까?

1 우리 동네 어린이 도서관부터 찾아봐!

 친구랑 친해지려면 자주 만나고, 많이 이야기해야 하지? 책과 친해지는 방법도 마찬가지야. 책 읽는 재미에 빠지려면 먼저 책과 친해져야 해. 책과 친해지려면 책과 만나야겠지? 그러려면 먼저 책이 많은 곳을 찾아가야 해. 그곳이 바로 어린이 도서관이야.

 요즘은 어린이 도서관이 놀이터처럼 꾸며져 있어서 편안한 분위기에서 책을 읽을 수 있어. 그러니까 우리 동네 어린이 도서관이 어디 있는지부터 알아보도록 하자.

2 도서관 대출 카드를 만들어 볼까?

==도서관 안에서 책을 읽을 수도 있지만, 읽던 책을 그날 다 읽지 못하는 경우가 더 많을 거야. 뒤의 내용은 궁금하고, 도서관 문 닫을 시간은 다 됐고. 그럴 때 우리에게 필요한 것이 바로 도서 대출 카드야!==

도서 대출 카드가 있으면 원하는 책을 빌려서 집에 가져갈 수 있단다. 대부분 한 번에 5권까지, 2주 동안 빌릴 수 있어. 읽고 싶은 책을 콕 찍어서 빌린 뒤 집에 가져가 편하게 읽고 2주 뒤에 도서관에 다시 갖다 주면 돼.

참 편리하지? 오늘 당장 엄마와 함께 도서관에 가서 도서 대출 카드를 만들어 보렴!

신청서만 적어서 내면 대출 카드를 만들 수 있어.

사진도 붙여야 해. 예쁜 사진을 골라서 붙여야지. 호호!

3 매주 ○요일은 도서관 가는 날!

매주 목요일은 도서관 가는 날!

도서관에 가야겠다고 생각해도 깜빡하거나 다른 일을 하다 보면 가지 못할 수도 있어. 또 귀찮아서 이런저런 핑계를 대며 미루게 될 때도 있지.

==도서관에 꾸준히 가고 싶다면 아예 요일을 정해 보는 건 어떨까? '매주 ○요일은 도서관 가는 날'로 말이야. 그럼 잊어버릴 염려도 없고, 일주일에 적어도 한 번은 도서관에 갈 수 있잖아.== 습관이 되면 그 요일에 도서관에 안 가면 왠지 할 일을 안 한 것 같은 찜찜한 기분이 들 거야.

너희는 언제 도서관에 가고 싶니?

매주 ▢ 요일은
▢ (이)가 도서관 가는 날!

1 그림책부터 시작하라!

책을 많이 읽는 게 좋다고 해서 처음부터 욕심을 부리면 안 돼. 그럼 오히려 금방 싫증이 날 수 있어. 아직 한글을 읽는 것이 익숙하지 않은 너희들은 그림이 많고 글자가 적은 책부터 읽는 것이 좋아.

==예쁜 그림을 보면서 상상의 날개도 키우고, 글이 많지 않으니까 책 한 권쯤 빠르게 읽을 수 있을 거야. 책 한 권을 다 읽었을 때의 뿌듯함을 느껴 봐야 또다시 책을 읽고 싶은 마음이 들 거야.==

그러니 처음에는 욕심 부리지 말고, 그림책부터 천천히 읽어 보도록 해!

그림이 많고, 글이 적어서 금방 읽을 수 있어!

2 재미있는 이야기가 있는 책을 읽어라!

책은 무엇보다 '재미'가 있어야 읽게 돼. 몇 줄만 읽어도 하품이 나고 지루한 책은 오래 보기 힘들겠지? 그래서 처음에는 이야기가 있는 동화책을 읽는 게 좋아. ==동화는 주인공이 있고, 재미있는 사건이 펼쳐지기 때문에 다음 이야기가 궁금해지지. 그래서 어느 순간 이야기 속에 푹 빠지게 된단다.==

흐음······.
이 다음에
어떻게 될까?

언니, 언니!
나랑 같이
놀이터 가자~.

3 내가 좋아하는 분야를 찾아라!

너는 어떤 걸 좋아하니? 난 요정이라 그런지 밤하늘에 있는 별들이 참 좋더라. 그래서 처음 책을 읽을 때 별자리에 대한 이야기가 담긴 책을 주로 읽었어. 내가 좋아하는 거라 그런지 더 재미있더라고.

만약 동물을 좋아한다면 동물이 나오는 이야기책을, 음악을 좋아한다면 음악가들의 이야기가 담긴 책을, 로봇을 좋아한다면 미래 세계를 그린 이야기책을 찾아봐! 그럼 더 재미있게 읽을 수 있을 거야.

읽고 싶은 책을 적어 봐!

오늘은 반드시 10점을 맞히겠어!

목표가 있으면 더 재미있게 책을 읽을 수 있어. 미리 계획을 세워 두면 그 약속을 지키기 위해 좀 더 노력하게 되겠지? ==우선 엄마와 함께 읽고 싶은 책들을 찾아 제목을 적고, 언제 읽을지 정해 봐. 다 읽으면 책 제목에 동그라미를 그려 표시를 해 두도록 해. 동그라미가 하나씩 늘어날 때마다 뿌듯함을 느낄 수 있을 거야.==

주의! 처음부터 욕심 부리지 말고 지킬 수 있는 계획을 세우는 게 중요해. 그래야 내가 세운 계획을 지켰을 때의 기쁨을 맛볼 수 있거든. 괜히 무리한 계획을 세웠다가 못 지키면 금세 포기하게 돼. 그러니까 꼭 지킬 수 있는 계획을 세우자!

엄마와 함께 만드는 독서 목록

	책 제목	읽을 날짜
1		
2		
3		
4		
5		
6		
7		
8		
9		
10		

나만의 별점 매기기!
독서 스티커를 붙여 봐!

> 요정이 그려져 있어서 난 이 공책이 맘에 들어!

이제 책과 조금 친해질 수 있을 것 같니?
마지막으로 한 가지 더 튼튼해 줄 방법이 있어.
바로 독서 스티커 붙이기!
책을 읽고 나서 그냥 덮어 버리면
금방 잊어버리게 돼.
그래서 내가 지금까지
어떤 책을 읽었는지,
그 책이 재미있었는지,
무엇을 느꼈는지 적어
두는 게 좋아.
이렇게 한번 해 볼래?

책을 오래 기억할 수 있는 방법

1 독서 노트 만들기

먼저 마음에 쏙 드는 공책을 한 권 골라. 그 공책이 앞으로 너희들의 독서 노트가 되는 거야. 책을 읽은 다음에는 무조건 이 독서 노트부터 펼치자!

2 책 제목 적기

독서 노트에 오늘 읽은 책 제목을 적어. 앞에 번호를 붙여 두면 나중에 책을 몇 권 읽었는지 한눈에 알 수 있어.

3 나만의 별점 매기기

책을 읽을 때마다 느낌이 조금씩 다를 거야. 더 재미있는 책도 있고, 덜 재미있는 책도 있을 거야.

책마다 나만의 별점을 매겨 보면 별점 주는 재미도 있고, 나중에 내가 어떤 책을 재미있게 읽었는지도 바로 알 수 있단다!

신나고 재미있는 학교생활 출발!
굿바이, 시작 요정

하나, 두나를 만난 게 엊그제 같은데,
벌써 작별 인사를 나눌 시간이 왔어.
이제 내 도움이 없어도 두 사람은 학교생활을
잘 해낼 수 있을 거야. 헤어질 걸 생각하니
좀 섭섭하지만, 하나와 두나가 초등학생으로서
첫발을 멋지게 떼는 걸 보니 뿌듯하구나.
너희들도 하나와 두나처럼 잘할 수 있지?
앞으로 행복한 학교생활을 하길 바랄게.
그럼 모두 안녕~!

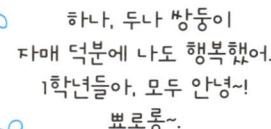

하나, 두나 쌍둥이
자매 덕분에 나도 행복했어.
1학년들아, 모두 안녕~!
뾰로롱~.

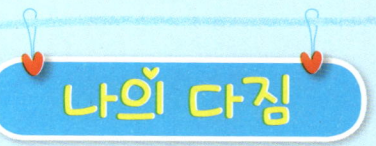

나의 다짐

1학년 어린이 여러분! 여러분도 하나와 두나처럼 앞으로 어떻게 학교생활을 할지 나의 다짐을 여기에 적어 보세요!